HAL•LEONARD

BASS PLAY-ALONG™

AUDIO ACCESS INCLUDED

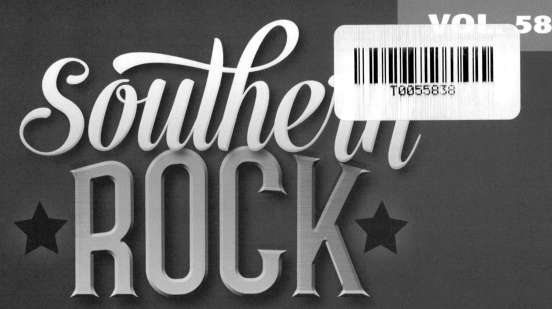

Southern ROCK

Play 8 Songs with Tab and Sound-alike Audio

PLAYBACK+
Speed • Pitch • Balance • Loop

To access audio visit:
www.halleonard.com/mylibrary

Enter Code
6888-9691-2540-8461

ISBN 978-1-5400-2984-3

HAL•LEONARD®

Visit Hal Leonard Online at
www.halleonard.com

Contact us:
Hal Leonard
7777 West Bluemound Road
Milwaukee, WI 53213
Email: info@halleonard.com

In Europe, contact:
Hal Leonard Europe Limited
42 Wigmore Street
Marylebone, London, W1U 2RN
Email: info@halleonardeurope.com

In Australia, contact:
Hal Leonard Australia Pty. Ltd.
4 Lentara Court
Cheltenham, Victoria, 3192 Australia
Email: info@halleonard.com.au

Can't You See

Words and Music by Toy Caldwell

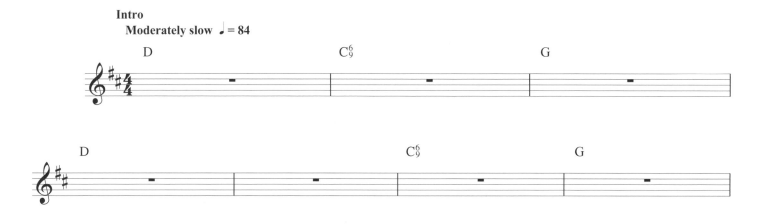

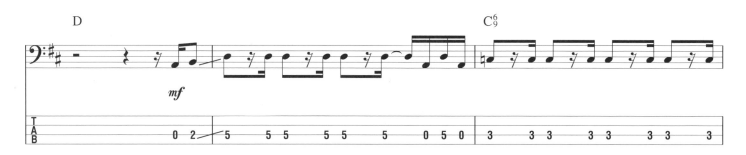

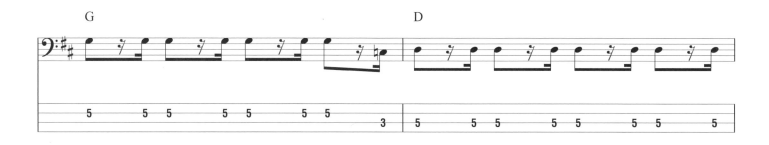

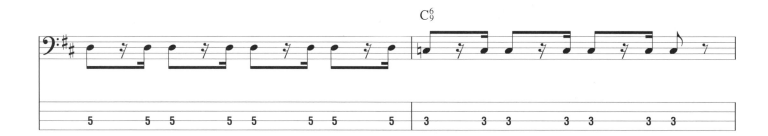

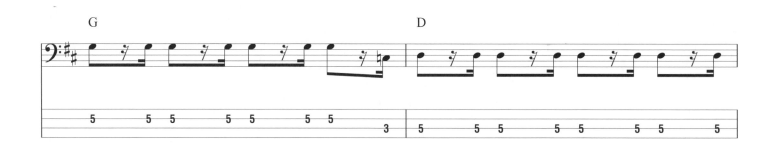

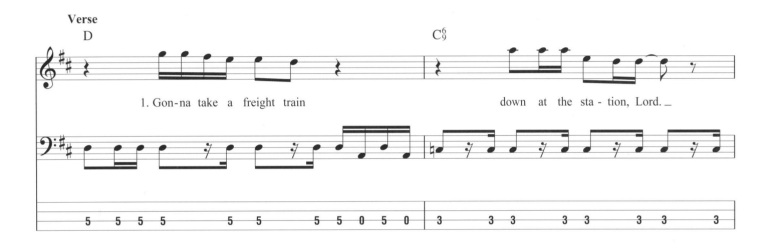

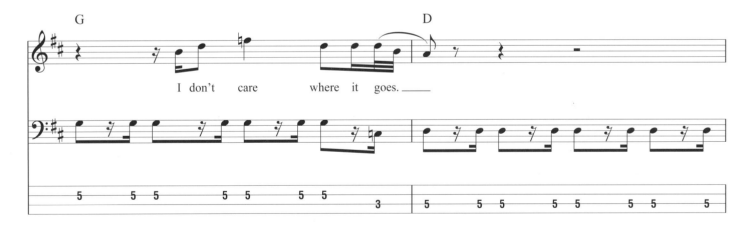

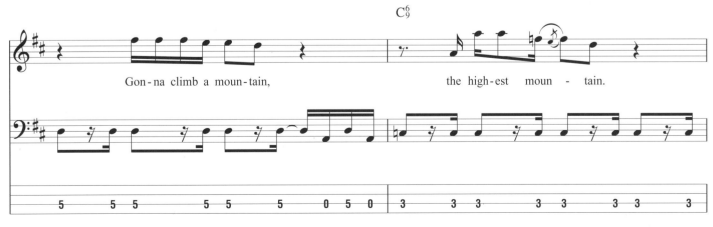

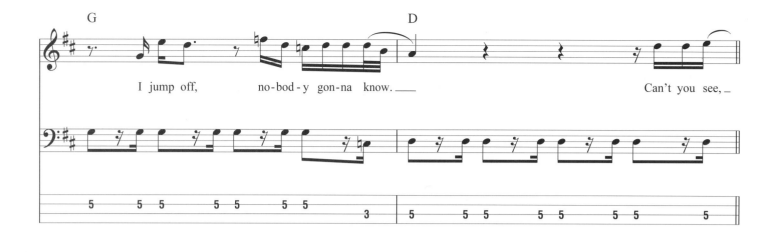

I jump off, no-bod-y gon-na know. ___ Can't you see, ___

Chorus

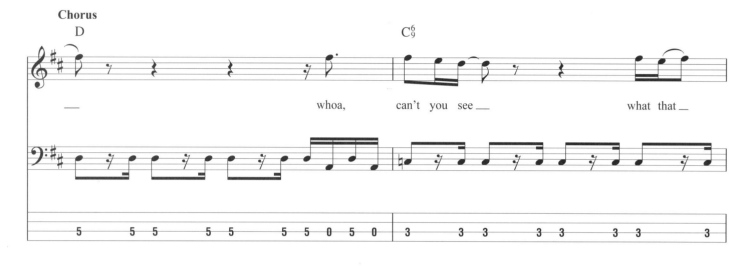

___ whoa, can't you see ___ what that ___

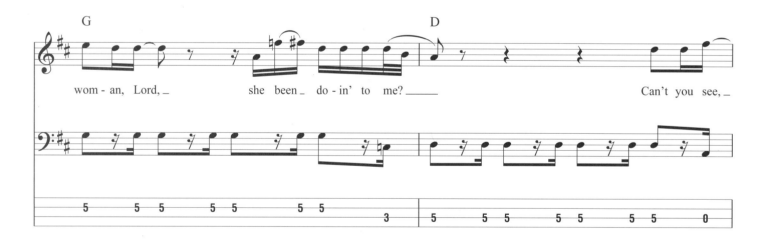

wom-an, Lord, ___ she been ___ do-in' to me? ___ Can't you see, ___

___ can't ___ you see, ___ uh, what that ___

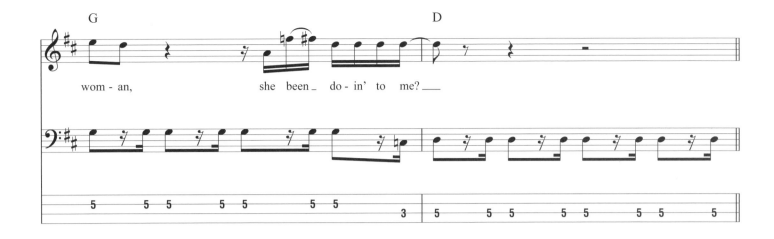

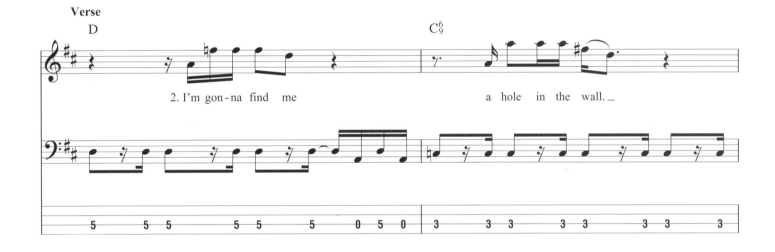

never told me good-bye. Can't you see,

Chorus

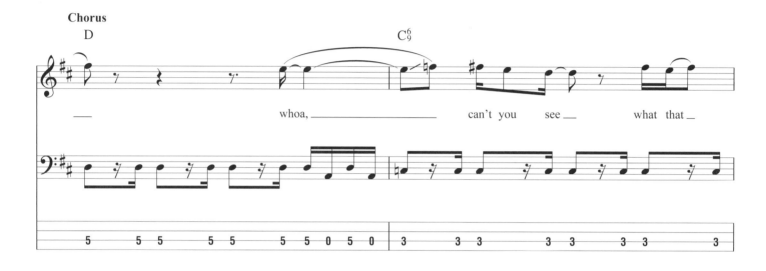

whoa, can't you see what that

wom-an, Lord, she been do-in' to me? Can't you see,

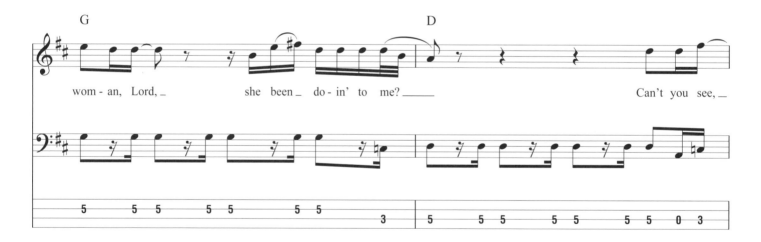

can't you see what that

woman, she been doin' to me? —

Guitar Solo

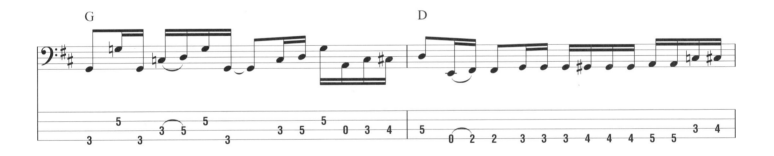

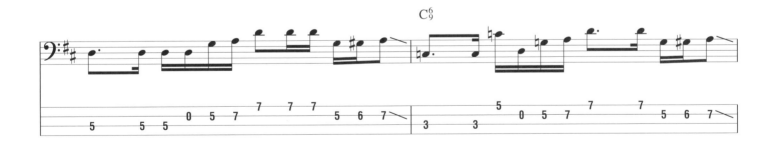

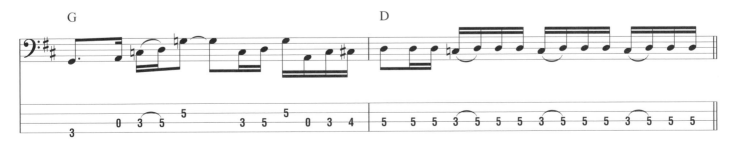

Verse

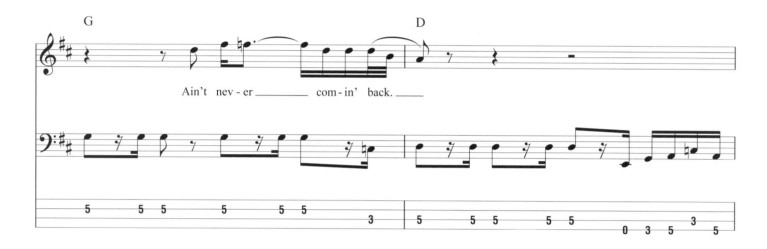

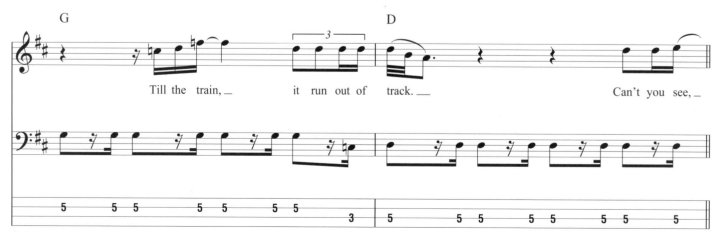

Chorus

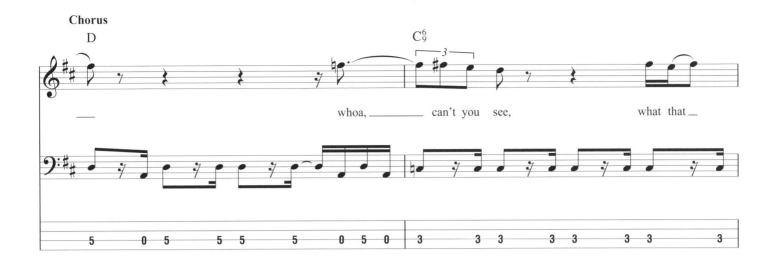

whoa, _____ can't you see, what that _

wom - an, Lord, _ she been do - in' to me? _____ Can't you see, _

can't _ you see _____ what that _

wom - an, she been do - in' to me? _ Oh, _____ Lord.

Guitar Solo

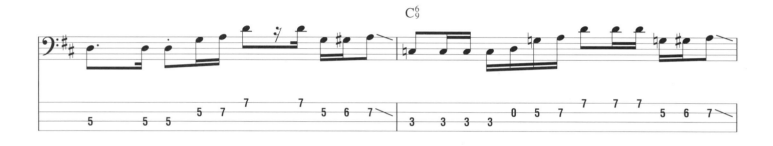

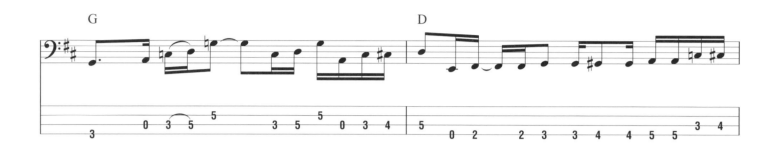

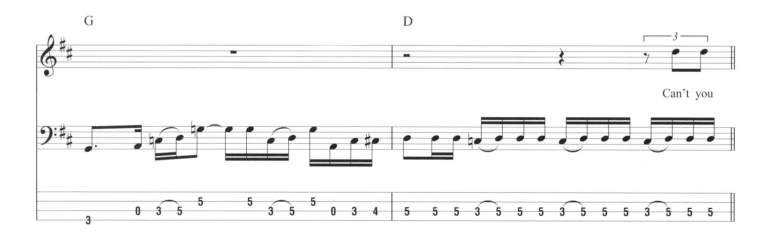

Can't you

Breakdown-Chorus

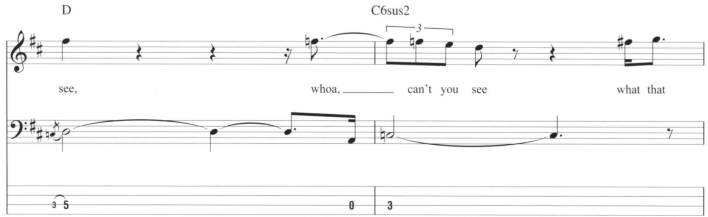

see,   whoa, _____ can't you   see   what that

woman, she been do-in' to me. ___ Can't you see, ___

___ can't you see ___ what that ___

woman, she been do-in' to me. ___ Can't you see, ___

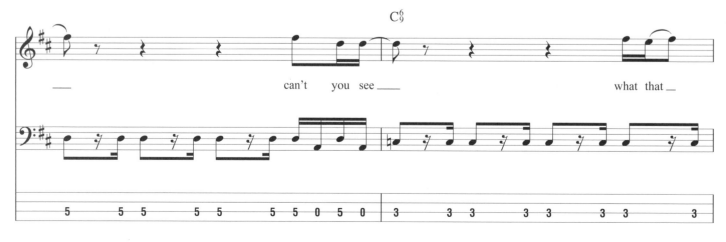

___ can't you see ___ what that ___

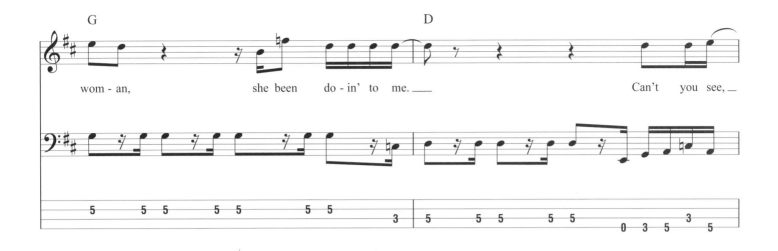

wom - an,   she been do - in' to me. ____   Can't you see, __

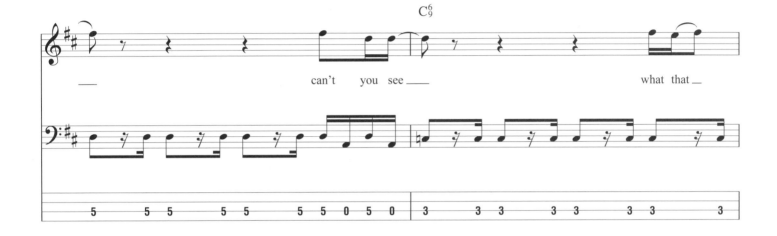

__   can't you see __   what that __

wom - an,   she been do - in' to me. __

Guitar Solo

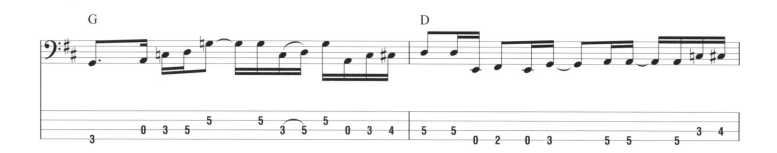

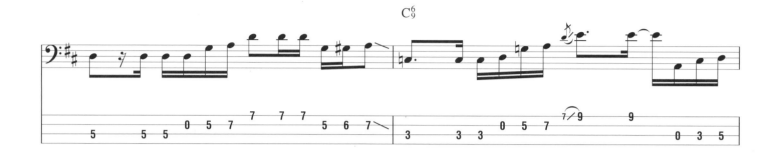

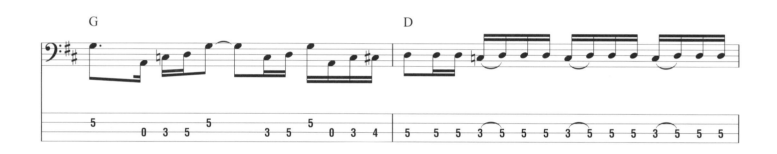

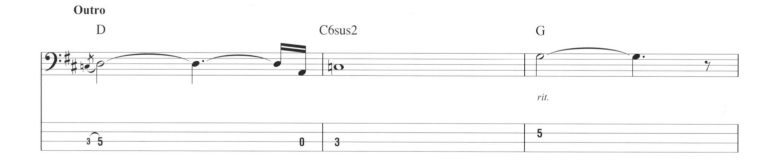

Outro

Flirtin' with Disaster

Words and Music by David Lawrence Hlubek, Danny Joe Brown and Banner Harvey Thomas

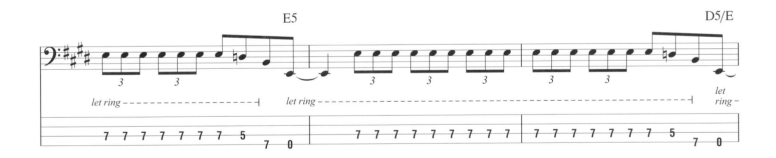

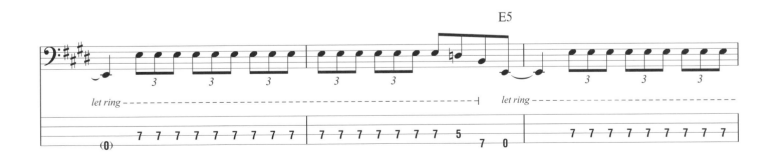

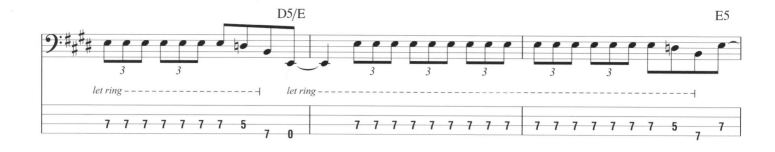

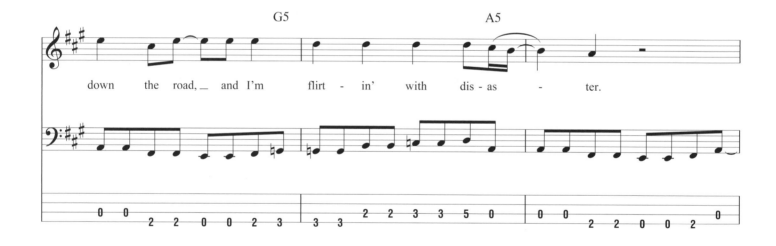

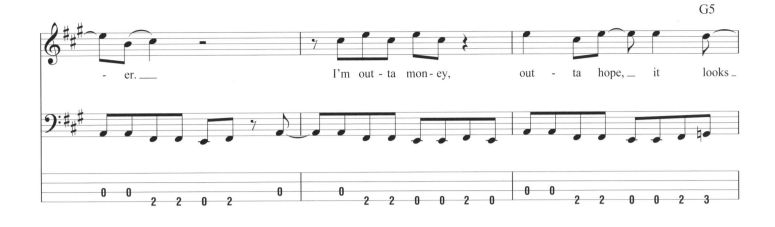

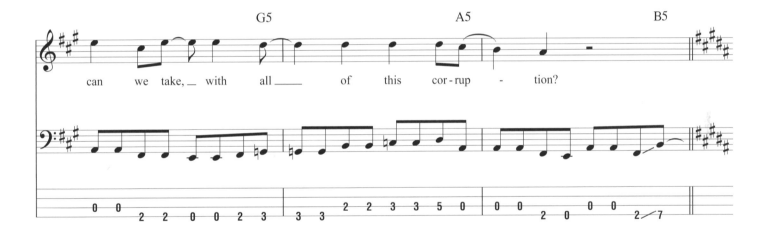

I'm trav - 'lin' down ___ that lone - some road. ___

Feel like I'm

drag - gin' a heav - y load. ___

To Coda 2 ⊕

Yeah, I tried to turn my head ___ a - way. ___

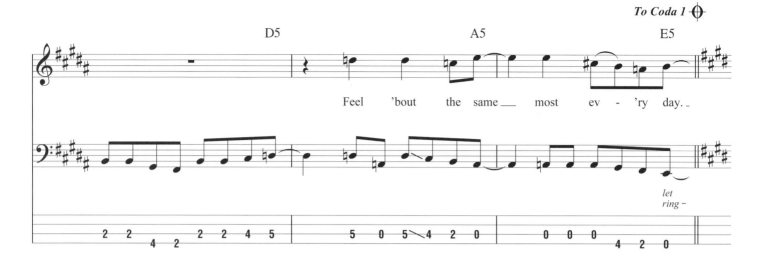

Interlude

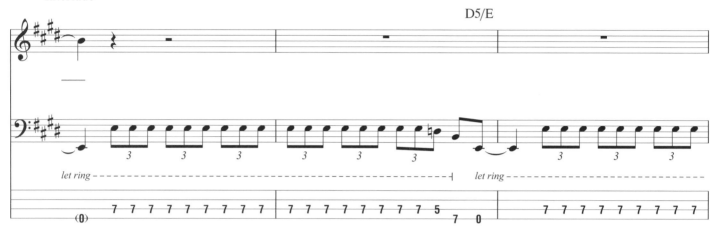

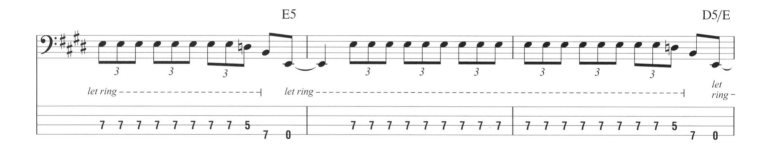

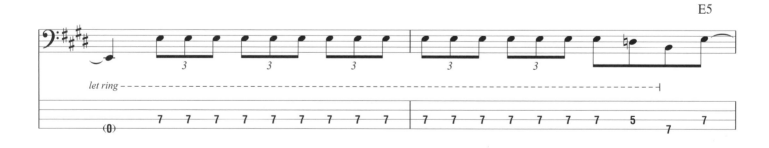

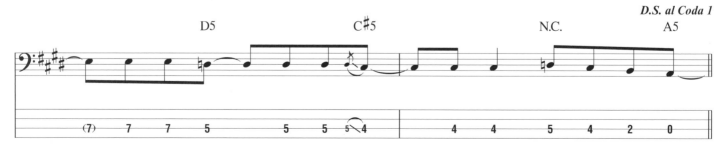

Coda 1

Interlude

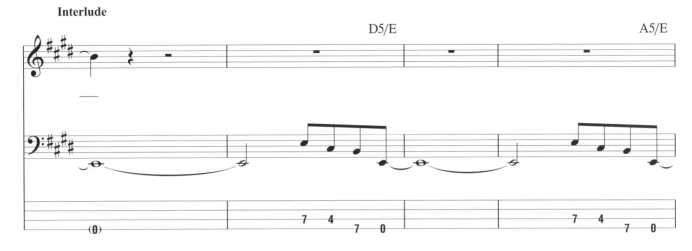

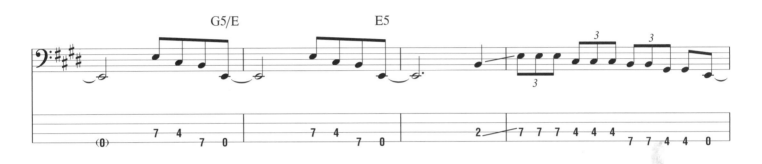

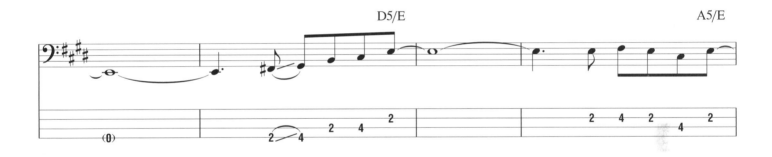

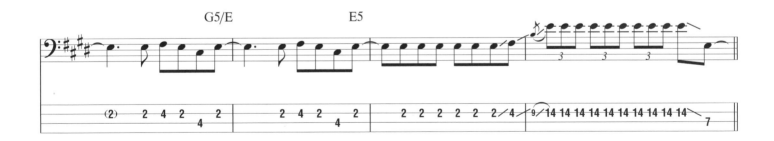

Guitar Solo

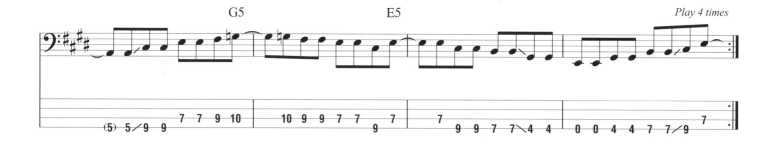

G5　　　　　　E5　　　　　　　　　　　Play 4 times

D5

A5　　　　　　　　G5　　　　　　　E5

1.　　　　　　　2.　　　　　D.S.S. al Coda 2

B5

Coda 2

B5　　N.C.　　　　　D5

— my head a - way... Uh, ba, ba, yeah. ___

22

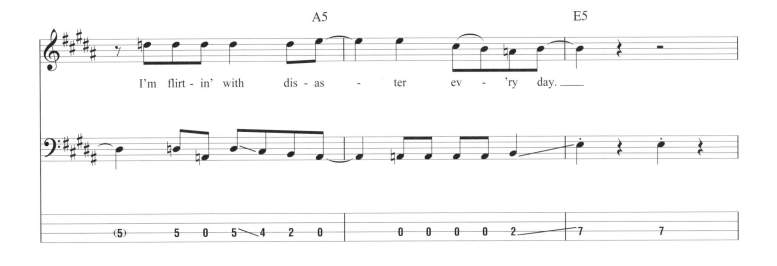

I'm flirt - in' with   dis - as - - ter   ev - 'ry   day. ___

Free time

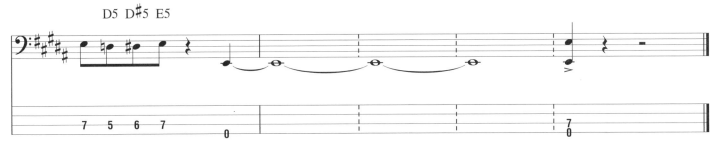

D5 D#5 E5

Additional Lyrics

2. Speedin' down the fast lane, honey,
   We're playin' from town to town.
   The boys and I been burnin' it up,
   Can't seem to slow it down.
   I got the pedal to the floor,
   Our lives are runnin' faster.
   Got our sights set straight ahead,
   But I ain't sure what we're after.

Chorus 2. We're flirtin' with disaster,
   Y'all damn sure know what I mean.
   You know, the way we run our lives,
   It makes no sense to me.
   I don't know about yourself
   Or what you plan to be, yeah.
   When we gamble with our time,
   We choose our destiny.
   Yeah, we're trav'lin' down that lonesome road.
   Feel like I'm draggin' a heavy load.
   Though I tried to turn my head away,
   I'm flirtin' with disaster ev'ry day.

Chorus 3. We're flirtin' with disaster, man,
   Y'all know what I mean.
   You know, the way we run our lives,
   It makes no sense to me.
   I don't know about yourself
   Or what you plan to be, yeah.
   When we gamble with our time,
   We choose our destiny.
   Yeah, we're trav'lin' down this lonesome road.
   Feel like I'm draggin' a heavy load.
   Though I tried to turn my head away...

Free Bird

Words and Music by Allen Collins and Ronnie Van Zant

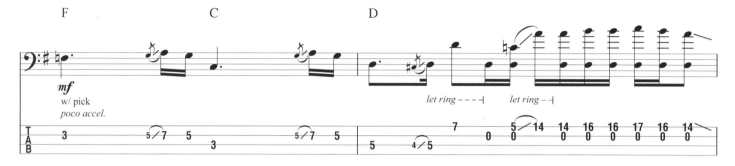

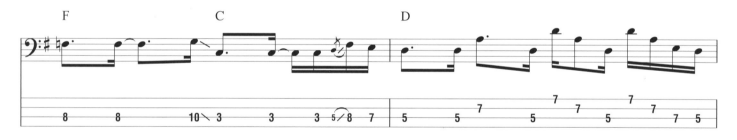

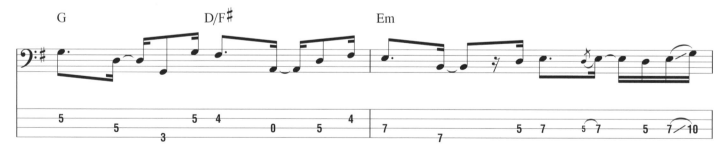

Verse

1. If I ___ leave ___ here to-mor - row, ___

would you ___ still re-mem - ber me? ___

Well, I must ___ be ___ trav-el-ing on ___ now, ___

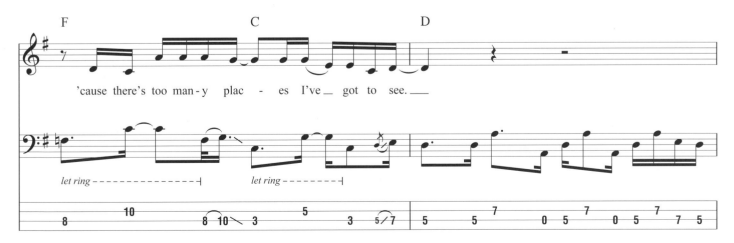

'cause there's too man-y plac - es I've ___ got to see.

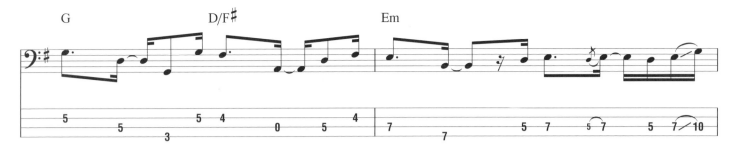

Verse

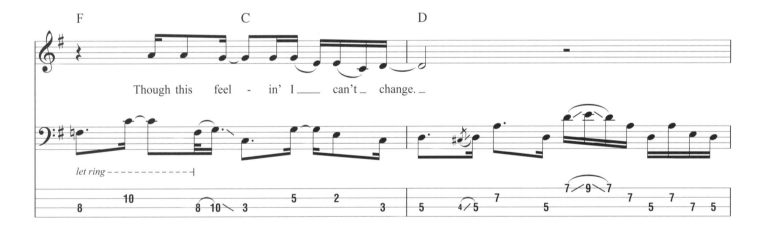

2. Bye ___ bye, _ ba - by, it's been sweet ___ now, _____ yeah, _ yeah.

Though this feel - in' I ___ can't _ change. _

Uh, please don't _ take ___ it so _ bad - ly, ___

and this bird __ you can-not change. _____ Oh, _____

let ring ---------⌐   *let ring* ----------⌐   *let ring* -----⌐ *let ring* -- ⌐ *let ring* ⌐
poco accel.

Slightly faster ♩ = 63

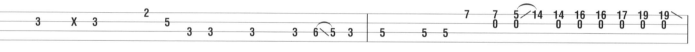

__ and a bird __ you can-not change. _____

let ring – ⌐   *let ring* ⌐

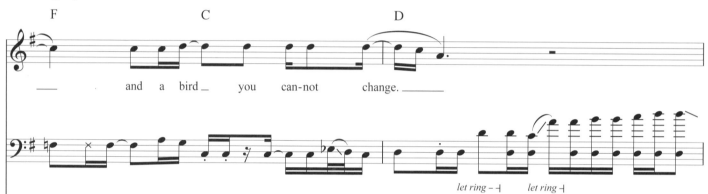

And this bird __ you can-not change. _____

let ring – ⌐   *let ring* ----------------------⌐

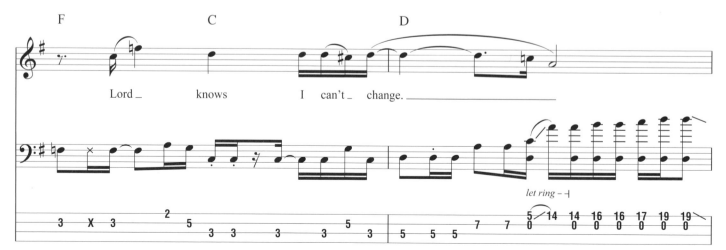

Lord __ knows I can't __ change. _____

let ring – ⌐

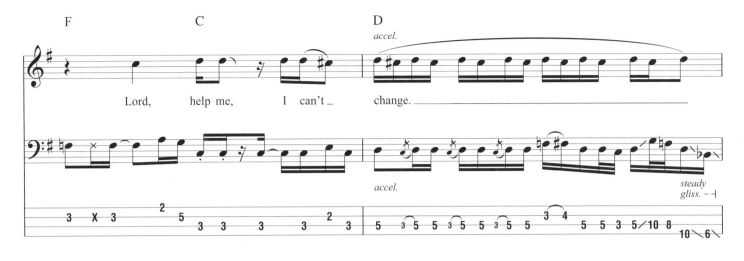

Lord, help me, I can't change.

Double time ♩ = 145

Lord, I can't change.

Won't you fly,

Guitar Solo

free bird, yeah!

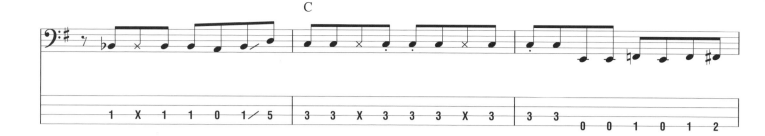

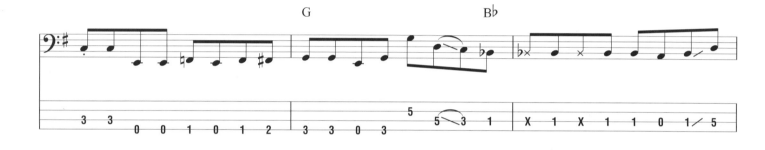

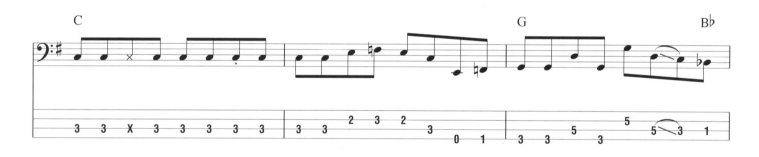

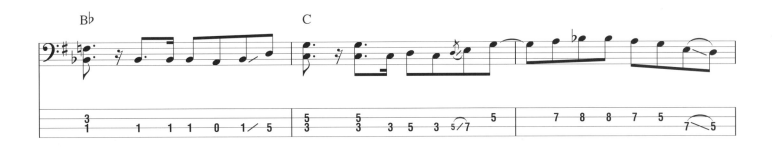

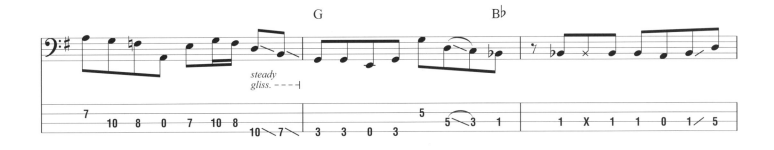

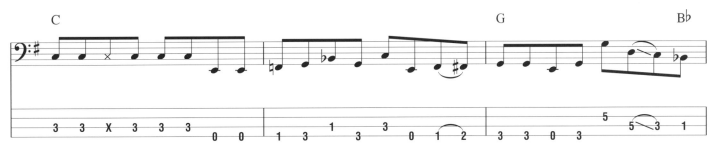

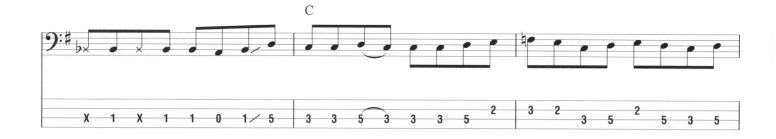

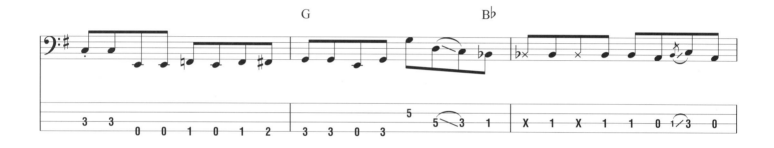

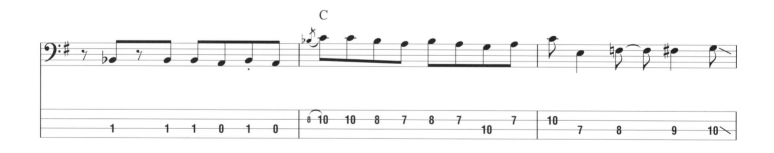

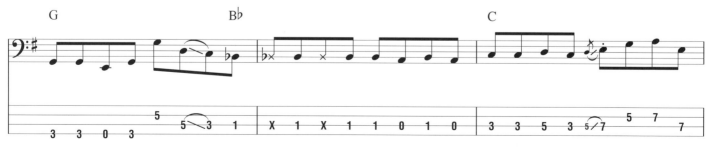

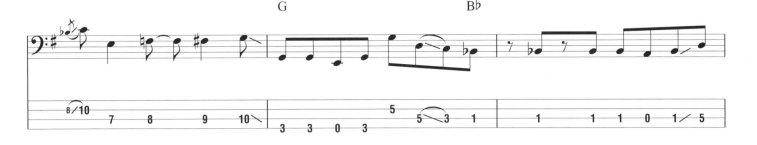

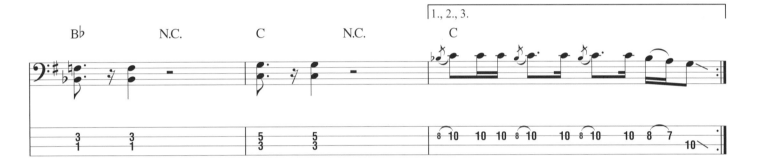

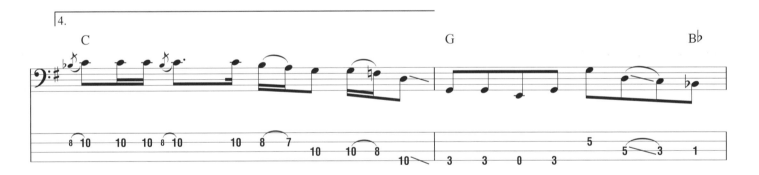

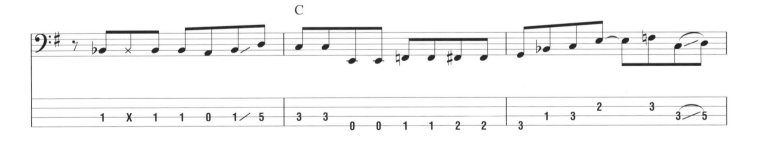

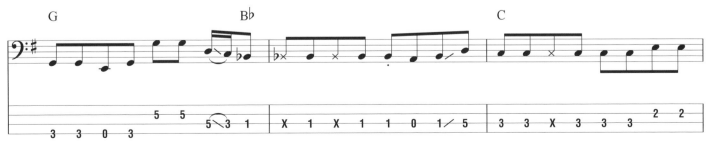

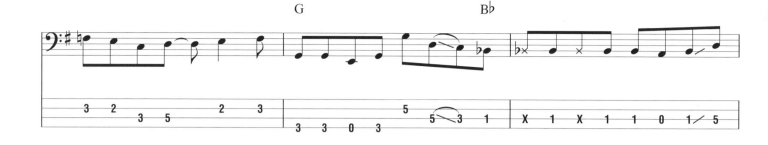

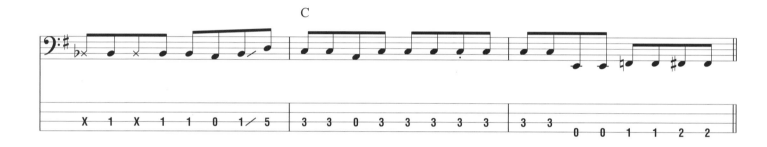

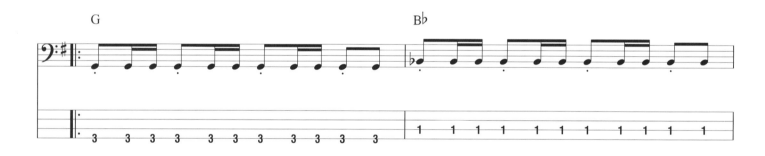

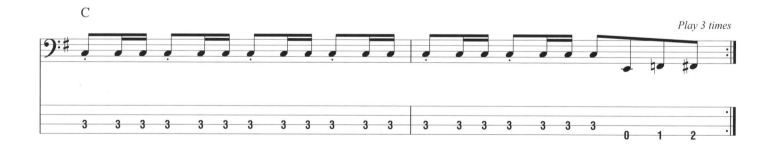

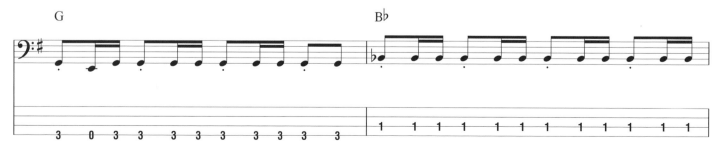

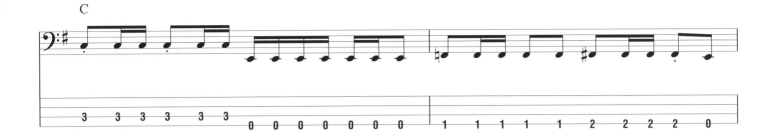

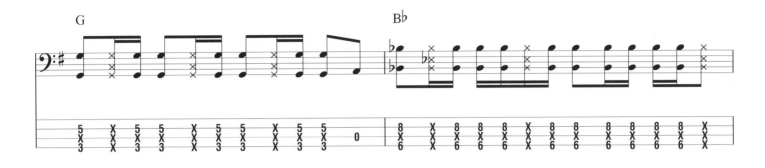

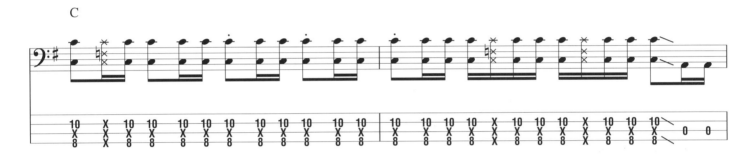

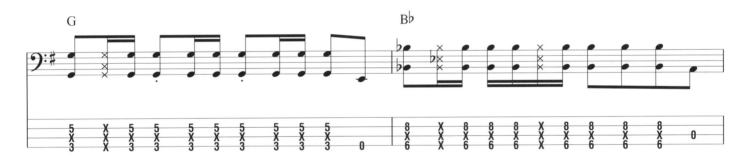

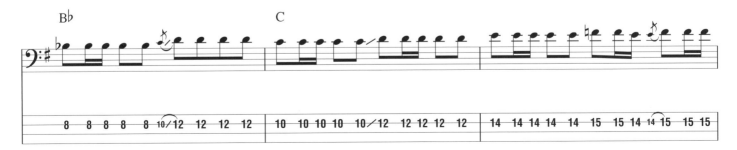

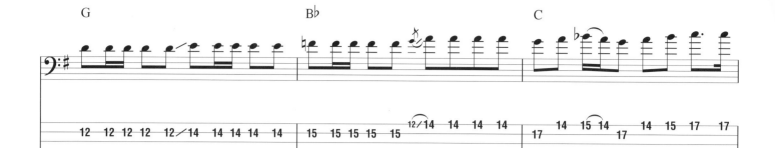

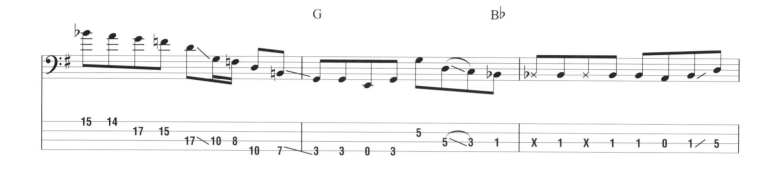

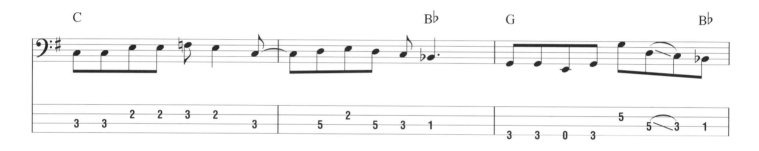

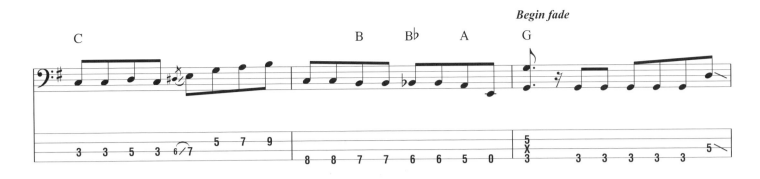

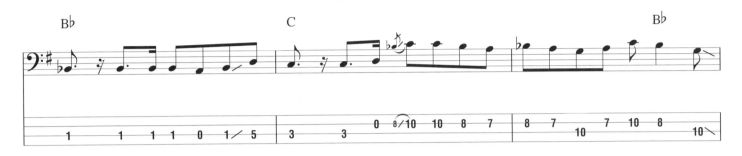

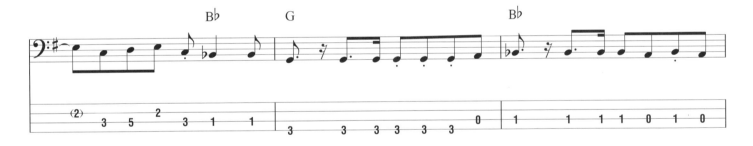

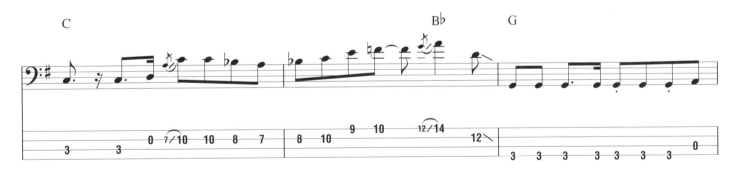

Hold on Loosely

Words and Music by Jeff Carlisi, Don Barnes and Jim Peterik

Intro
Moderate Rock ♩ = 127

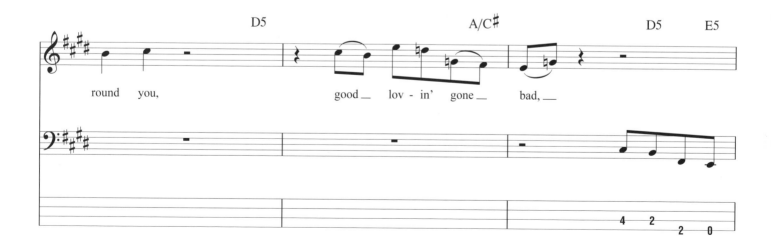

some years a-go____ who told me...____ "Just hold on ____ loose-

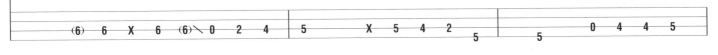

-ly,   but don't let ____ go.____

If you cling too ____ tight - ly, ____   you're gon-na lose ____ con-trol." _

Your ba - by needs some - one to be-lieve   in,____

44

and u-su-'lly it's too late___ when you___ re-al-ize what you had.___

Chorus

So, hold on ___ loose - ly,

but don't let ___ go. _____ If you cling too ___ tight -

- ly, _____ you're gon-na lose ___ con-trol.

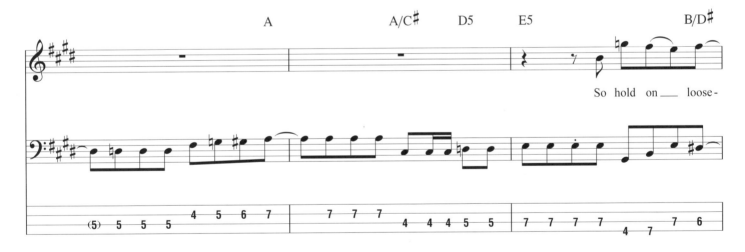

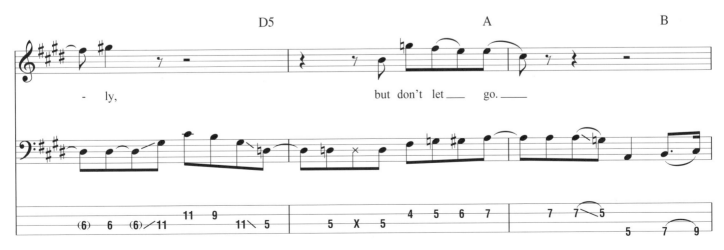

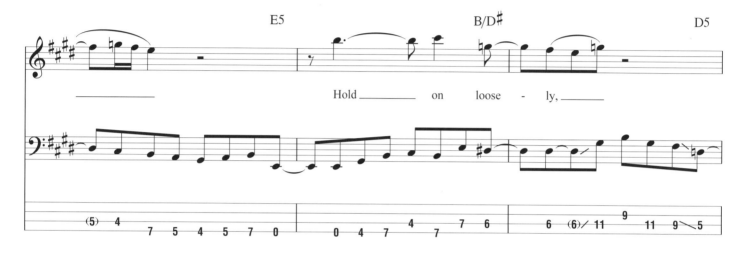

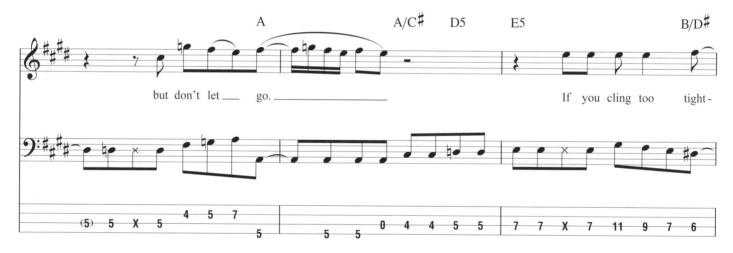

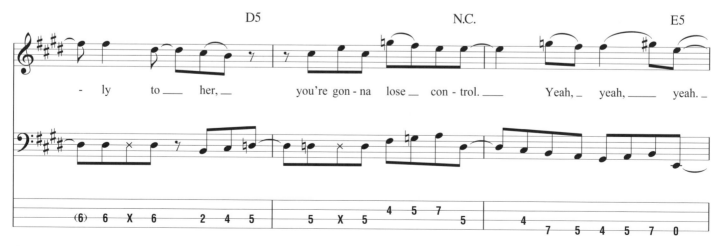

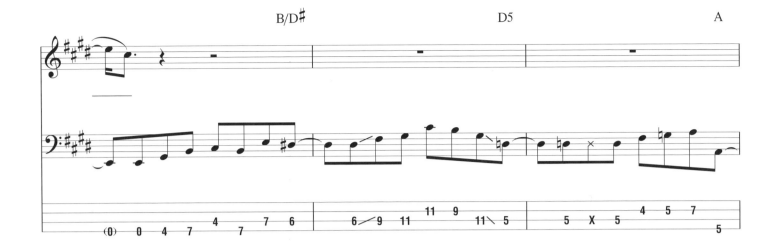

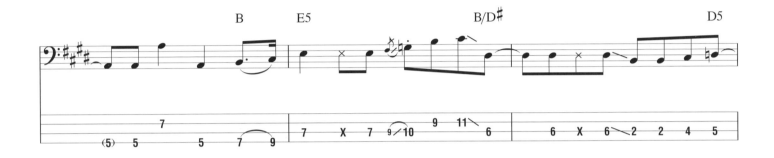

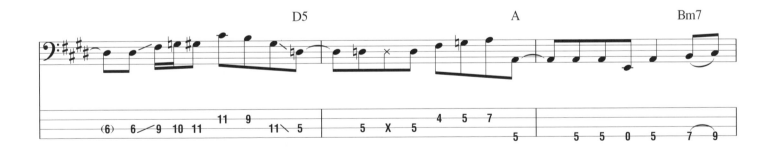

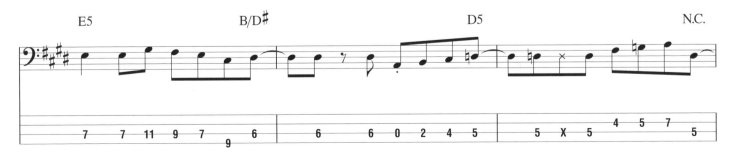

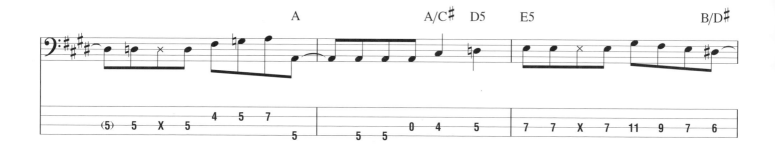

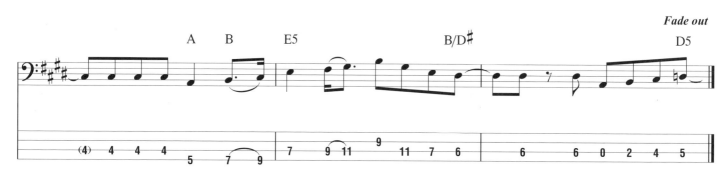

One Way Out

By Willie Williamson, Elmore James and Marshall Sehorn

1. Ain't but

§ **Verse**

2., 3. *See additional lyrics*

one way out, ___ ba - by. ___   Lord, I just ___ can't go out that door. ___

52

Ain't but ____

D7

one way out, ____ ba - by, and Lord, I just ____ can't go out that door. ____

To Coda ⊕

2nd time, substitute Fill 1

A7

'Cause there's a man ____

2nd time, substitute Fill 2

E7   **D N.C.**

____ down ____ there, ____ might be your ____ man, I don't know. ____

Fill 1

Fill 2

2. Lord, __ you

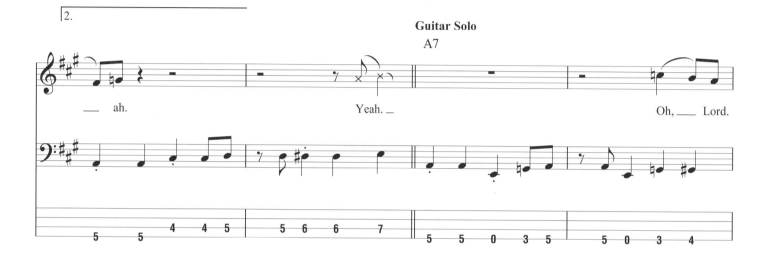

__ ah.   Yeah. __   Oh, __ Lord.

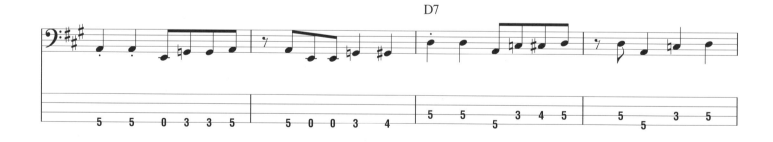

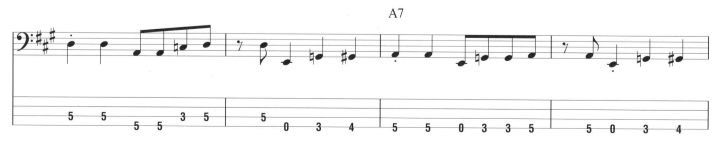

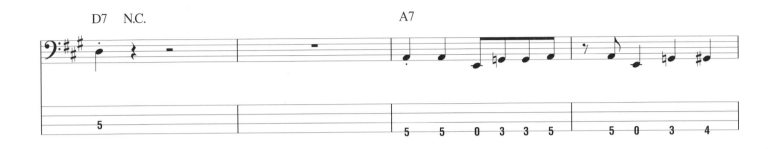

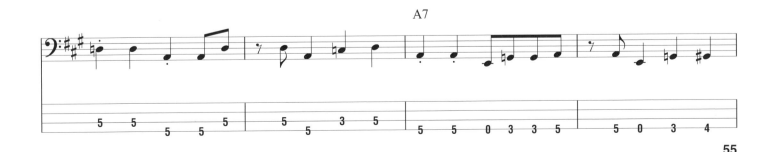

D.S. al Coda

3. Lord, __ I'm

⊕ **Coda**

'Cause there's a man __ down __ there, __

might be your __ man, I don't know. __

Additional Lyrics

2. Lord, you got me trapped, woman, up on the second floor.
   If I get by this time, I won't be ah, trapped no more.
   So raise your windows, baby, I can ease out soft and slow.
   And Lord, you're nervous, no, they won't be talkin' that stuff that they don't know.
   No, ah. Yeah.

3. Lord, I'm foolish to be here on the first place.
   I know some man gon' walk in and take my place.
   Ain't no way in the world I'm goin' out that front door.
   'Cause there's a man down there, might be your man, I don't know.
   'Cause there's a man down there, might be your man, I don't know.
   'Cause there's a man down there...

Mississippi Queen

Words and Music by Leslie West, Felix Pappalardi, Corky Laing and David Rea

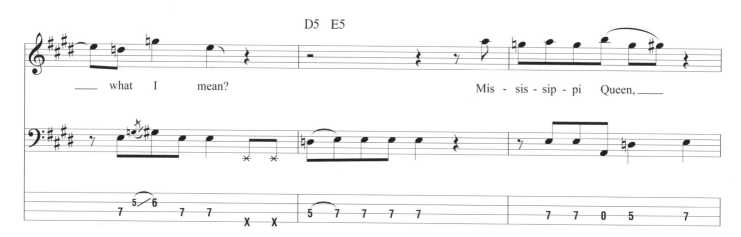

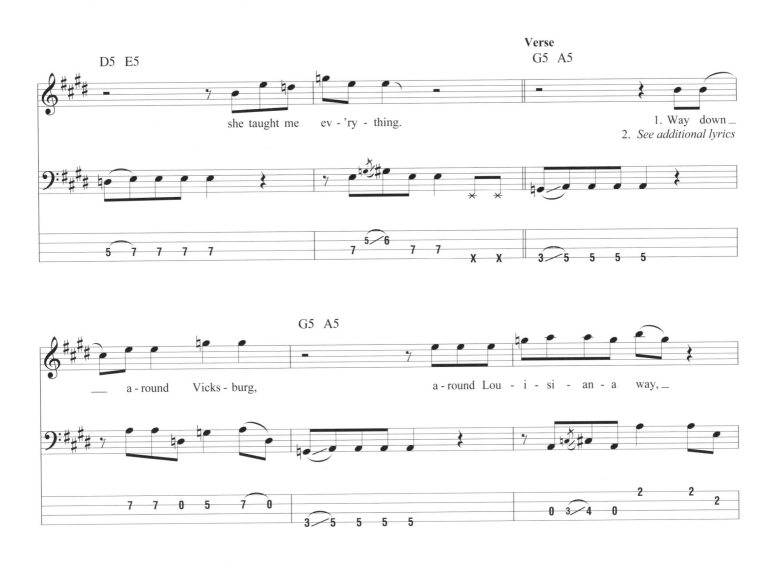

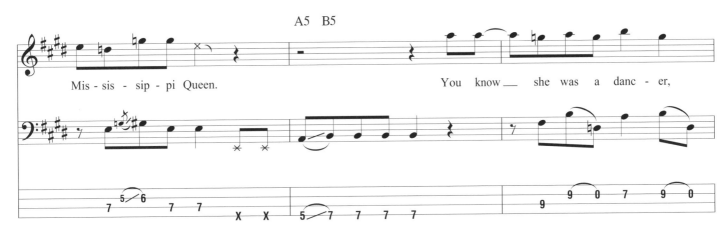

she moved___ bet - ter on wine. While the rest of them dudes was a

get - tin' their kicks; bud - dy, beg your par - don, I was get - tin' mine.

Guitar Solo

Additional Lyrics

2. This lady, she asked me if I would be her man.
You know that I told her I'd do what I can
To keep her lookin' pretty; buy her dresses that shine.
While the rest of them dudes was a makin' their bread;
Buddy, beg your pardon, I was losin' mine.

Sweet Home Alabama

Words and Music by Ronnie Van Zant, Ed King and Gary Rossington

*Key signature denotes D Mixolydian.

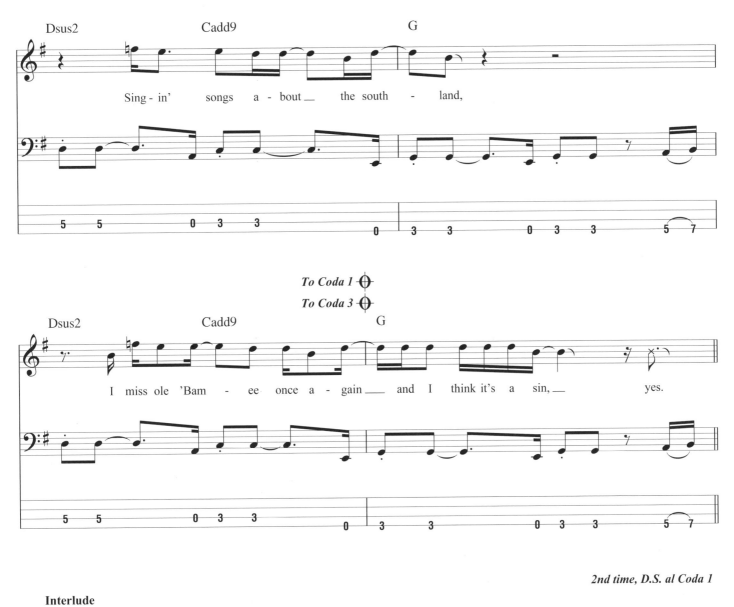

Dsus2   Cadd9   G

Sing - in' songs a - bout___ the south - land,

To Coda 1

To Coda 3

Dsus2   Cadd9   G

I miss ole 'Bam - ee once a - gain___ and I think it's a sin, ___ yes.

2nd time, D.S. al Coda 1

Interlude

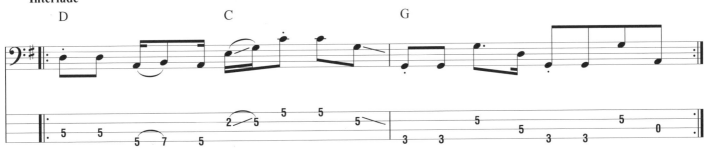

D   C   G

Coda 1

Chorus

G   D   C

round   an - y - how.   Sweet ___ home Al - a-

bam - a,   where the skies are so blue. __

__   Sweet __ home Al - a -

To Coda 2

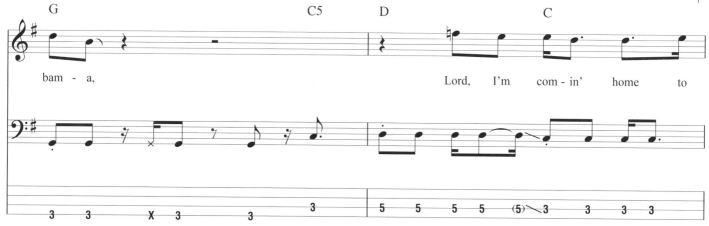

bam - a,   Lord, I'm com - in' home to

Guitar Solo

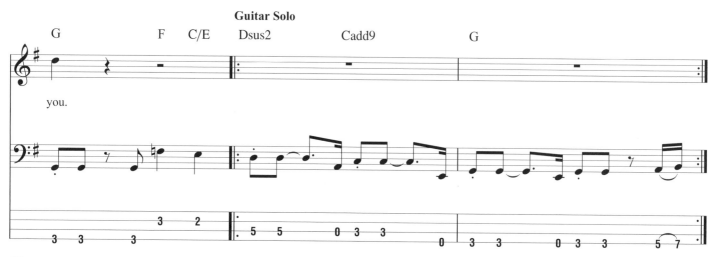

you.

Verse

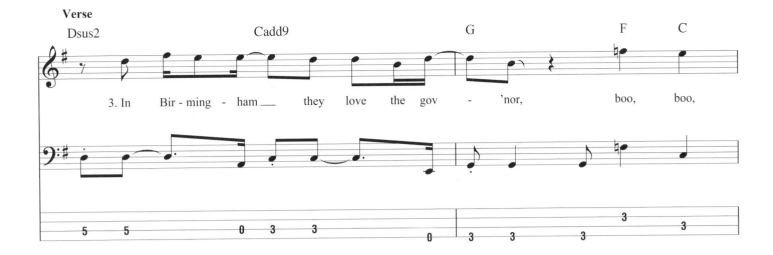

3. In Bir - ming - ham ___ they love the gov - 'nor, boo, boo,

hoo. Now we all did ___ what we could do.

Now Wa - ter - gate ___ does not both - er me.

D.S.S. al Coda 2

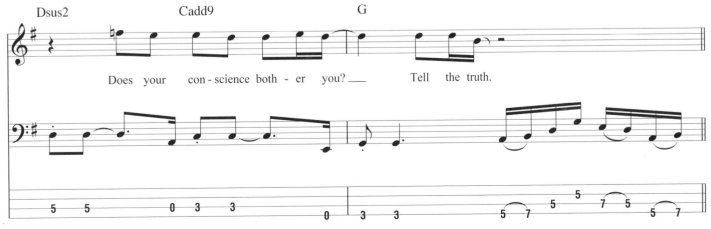

Does your con - science both - er you? ___ Tell the truth.

2nd time, D.S. al Coda 3

⊕ **Coda 2**

Guitar Solo

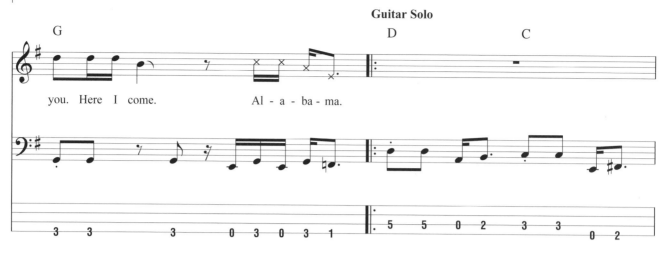

you. Here I come. Al - a - ba - ma.

Interlude

Play 8 times

⊕ **Coda 3**

Chorus

___ 'n' now how 'bout you? Sweet ___ home Al - a -

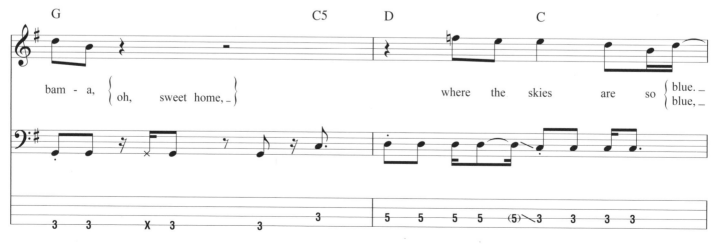

bam - a, { oh, sweet home, _ } where the skies are so { blue. _ / blue, _ }

Additional Lyrics

2. Well, I heard Mister Young sing about her.
   Well, I heard old Neil put 'er down.
   Well, I hope Neil Young will remember,
   A southern man don't need him around anyhow.

4. Now Muscle Shoals has got the Swampers,
   An' they been known to pick a song or two.
   Lord, they get me off so much.
   They pick me up when I'm feelin' blue, 'n' now how 'bout you?

Ramblin' Man

Words and Music by Dickey Betts

Intro

Fast Rock ♩ = 184

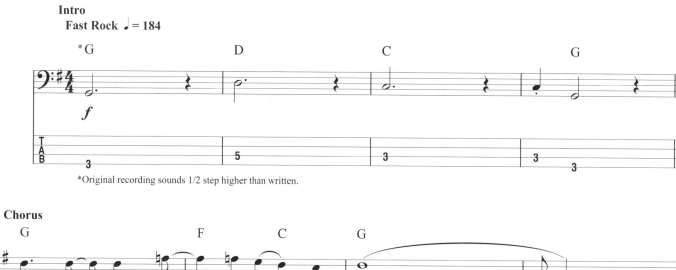

*Original recording sounds 1/2 step higher than written.

Chorus

Lord, I ___ was born ___ a ram - blin' man. _____

Try'n' to make a liv-ing and do-in' the best I _____ can. ___ An'

when it's time ___ for leav - in', ___ I hope you'll un - der - stand _

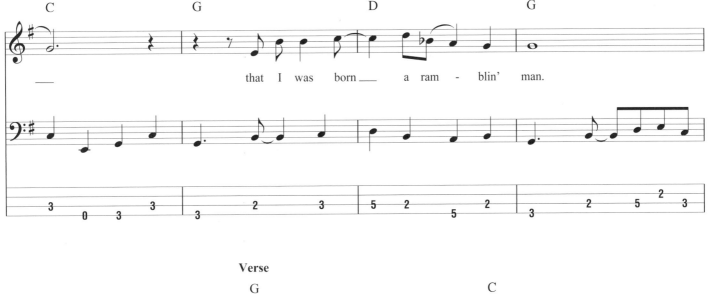

that I was born ____ a ram - blin' man.

Verse

1. Well, my fa - ther was _____' a gam - bler down in

Geor - gia, _____ and he wound up on __ the wrong __ end of a gun. __

And I was born __ in the back __ seat __ of a

Chorus

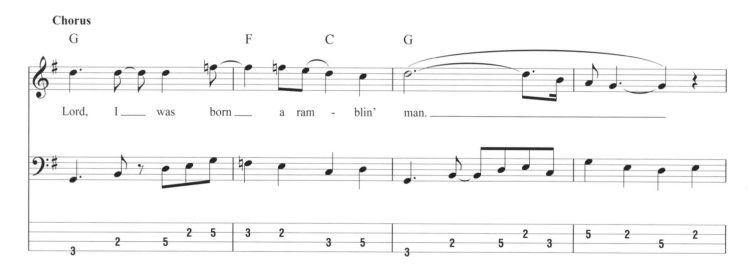

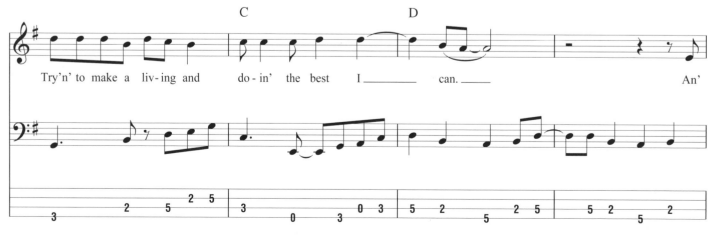

when it's time ___ for leav - in' ___ I hope you'll un - der - stand ___

___ that I was born ___ a ram - blin' man.

Interlude

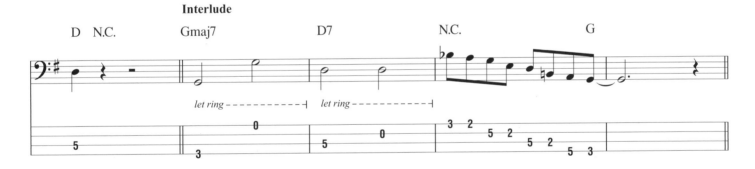

let ring - - - - - - - - - - ⌐   *let ring - - - - - - - - - - ⌐*

Guitar Solo

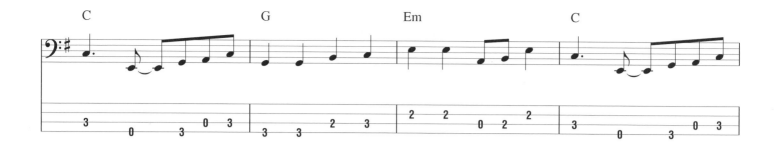

Verse

on my way to New ___ Or - leans ___ this ___ morn - in' and

leav - in' out ___ of Nash - ville, Ten - nes - see. _____ They're

al - ways hav - in' a good ___ time down on the bay - ou, _____ Lord. _____ Them

del - ta wom - en think ___ the world ___ of ___ me. _____

Chorus

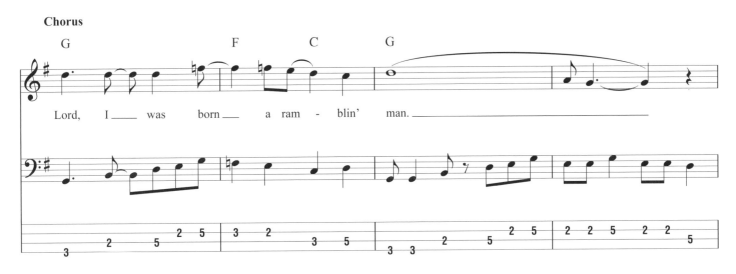

Lord, I ___ was born ___ a ram - blin' man. _____

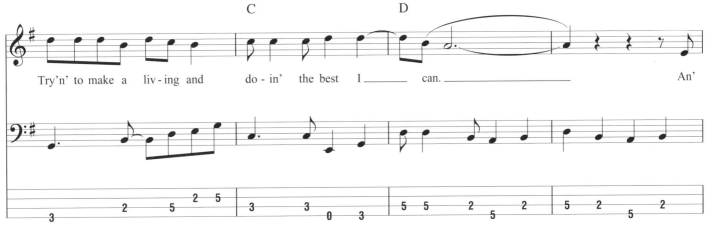

Try'n' to make a liv - ing and do - in' the best I ___ can. _____ An'

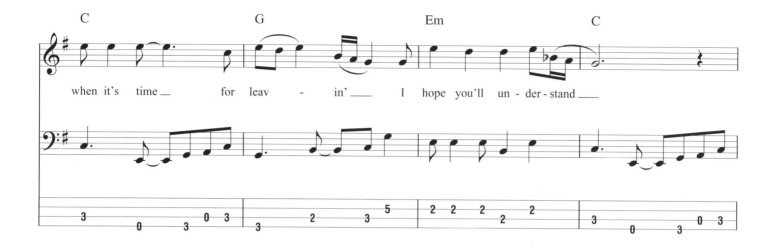

when it's time ___ for leav - in' ___ I hope you'll un - der - stand ___

that I was born ___ a ram - blin' man.

Chorus

Lord, I ___ was born ___ a ram - blin' man. _____

Lord, I ___ was born ___ a ram - blin' man. _____

Interlude

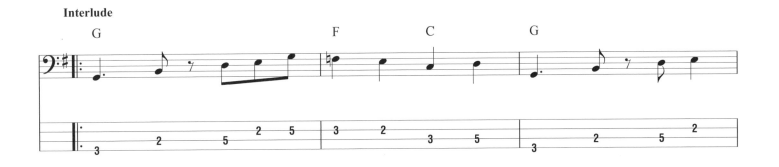

Outro-Guitar Solo

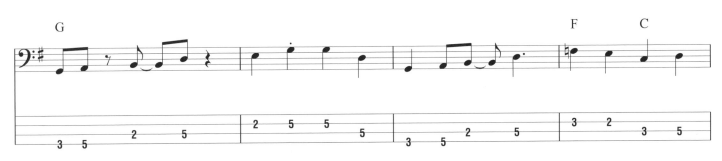

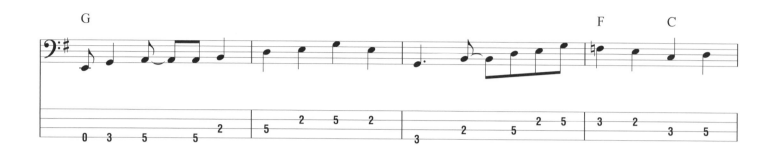

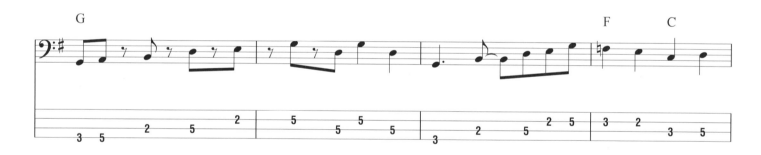

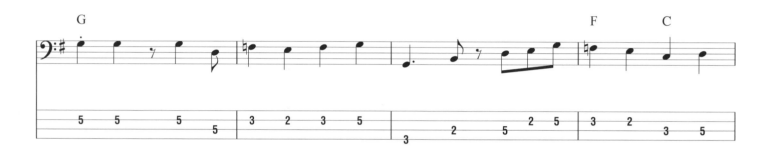

Begin fade

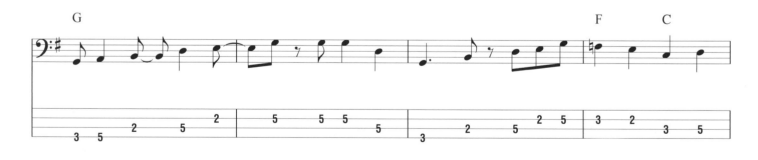

Fade out